LETTER TRACING

for Preschoolers

Aa

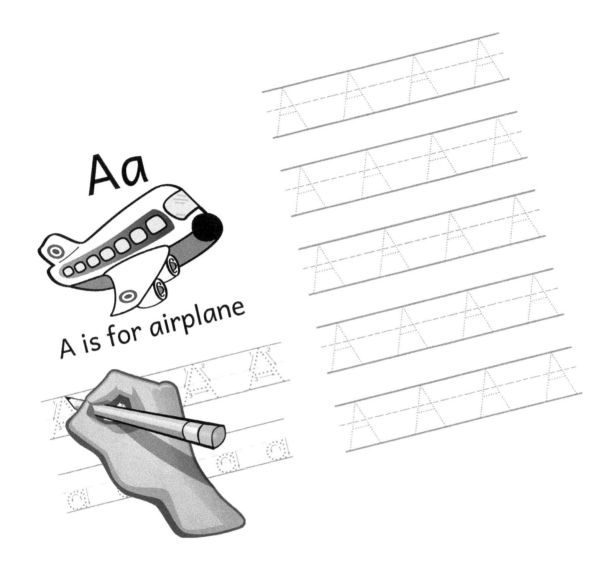

A is for airplane

Follow the dot lines to
form the letters

A B C D E

F G H I J

K L M N O

P Q R S T

U V W X Y Z

a b c d e

f g h i j

k l m n o

p q r s t

u v w x y z

Aa

A is for airplane

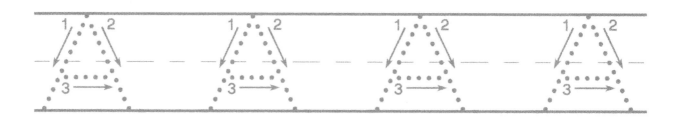

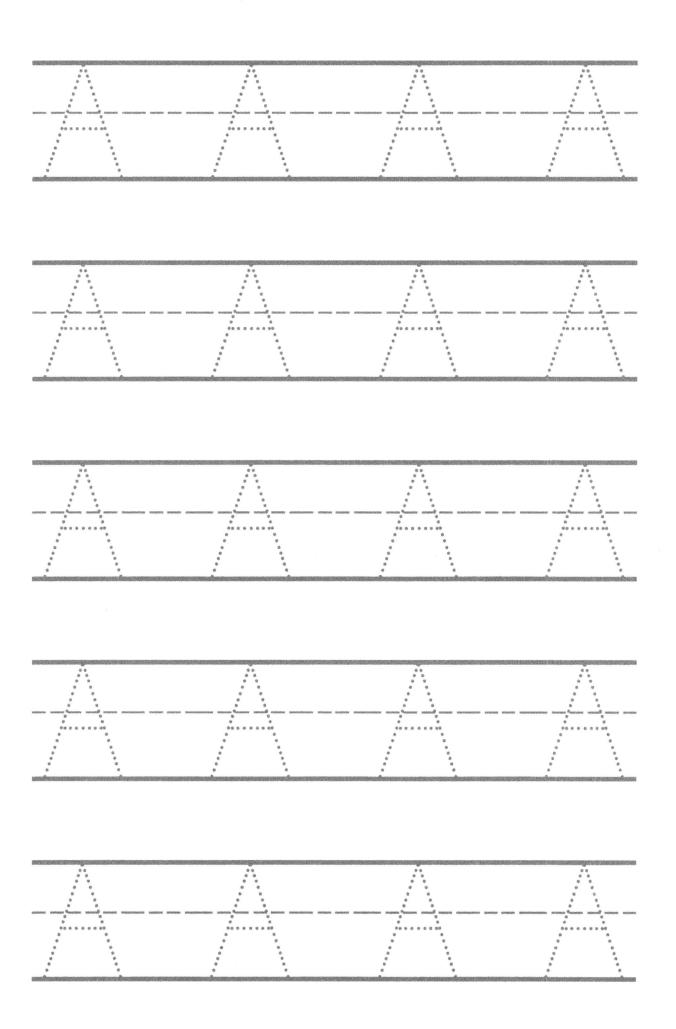

Aa Aa Aa

Aa Aa Aa

Aa Aa Aa

Aa Aa Aa

Aa Aa Aa

Bb

B is for boat

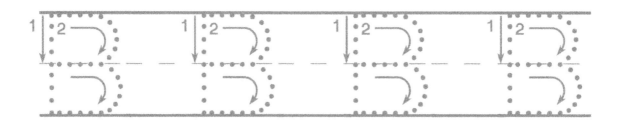

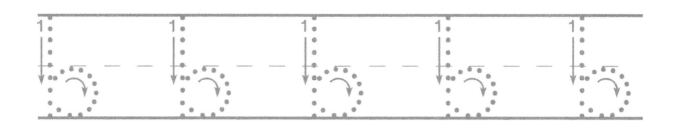

BBBB

BBBB

BBBB

BBBB

BBBB

Bb Bb Bb

Bb Bb Bb

Bb Bb Bb

Bb Bb Bb

Bb Bb Bb

Cc

C is for cat

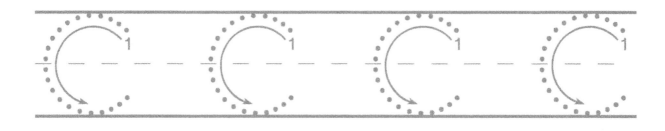

c c c c

c c c c

c c c c

c c c c

c c c c

Cc   Cc   Cc

Cc   Cc   Cc

Cc   Cc   Cc

Cc   Cc   Cc

Cc   Cc   Cc

Dd

D is for dinosaur

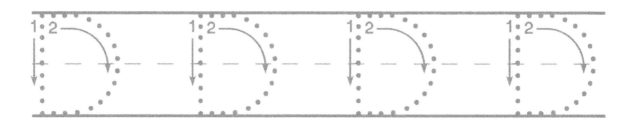

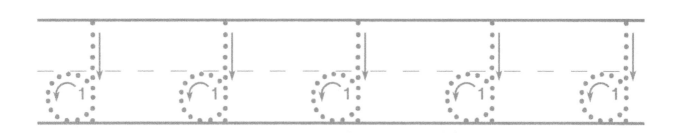

D D D D

D D D D

D D D D

D D D D

D D D D

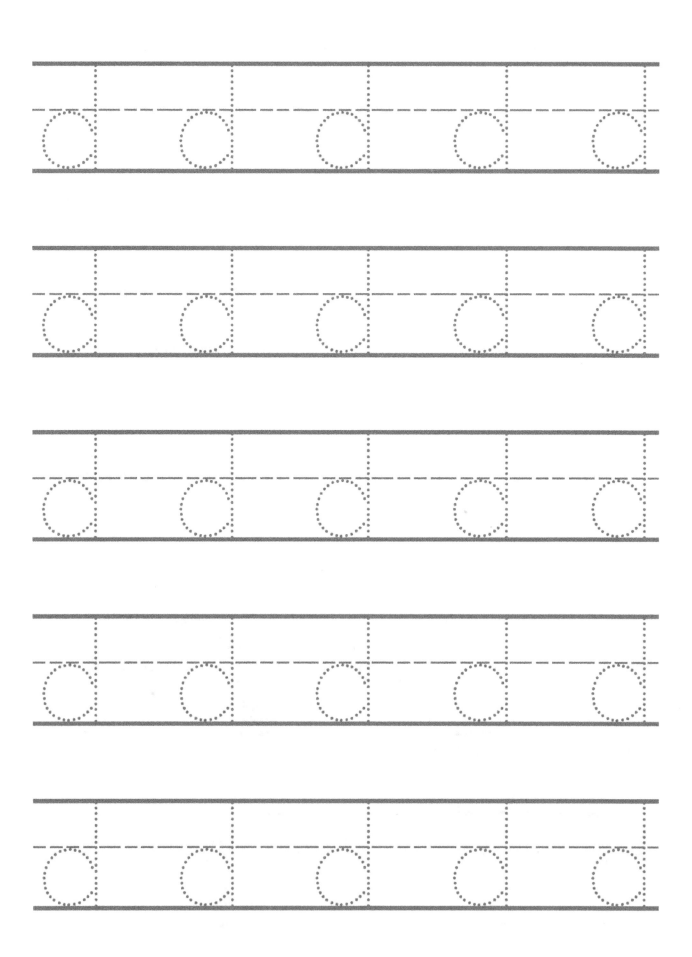

Da Da Da

Da Da Da

Da Da Da

Da Da Da

Da Da Da

Ee

E is for elephant

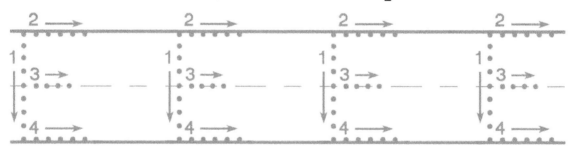

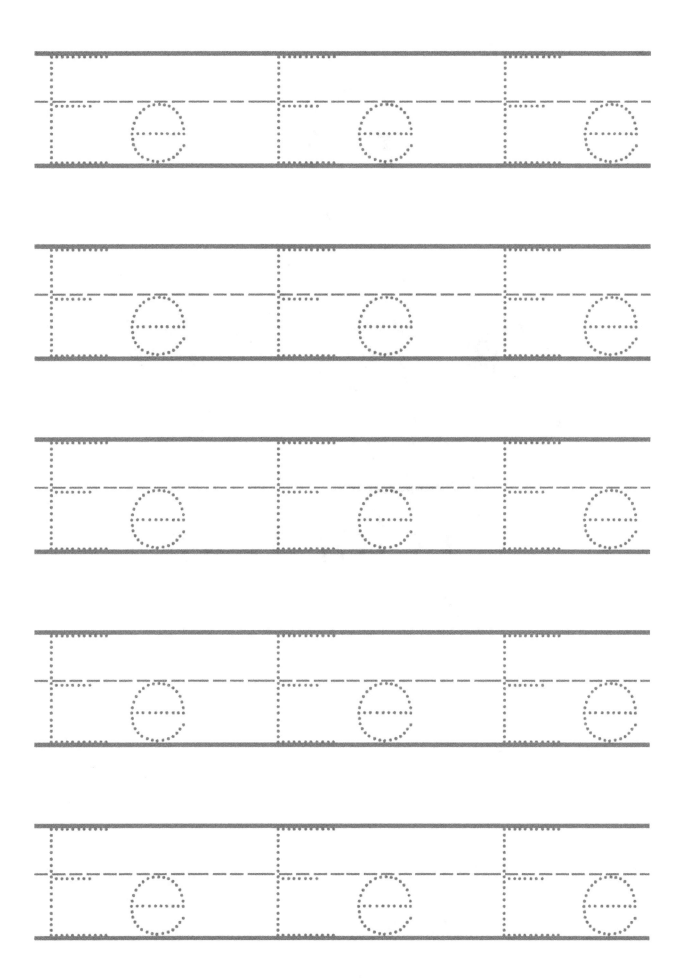

Ff

F is for fish

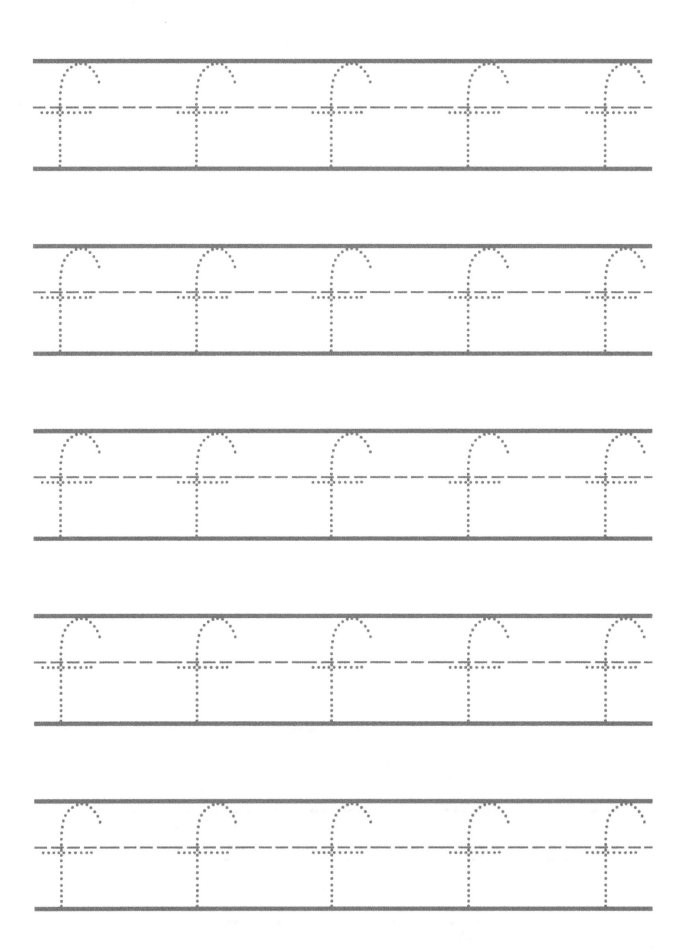

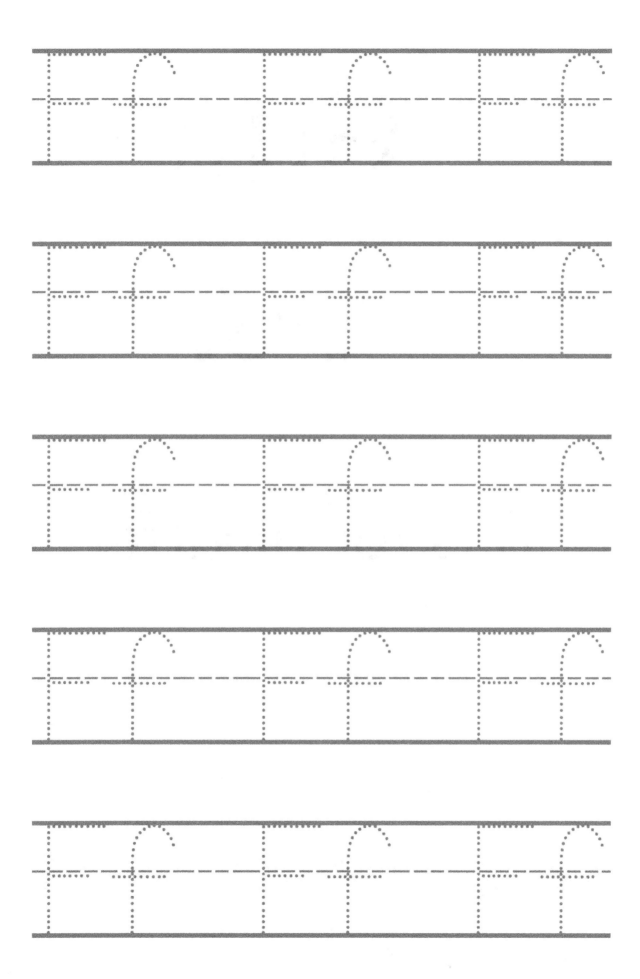

Gg

G is for giraffe

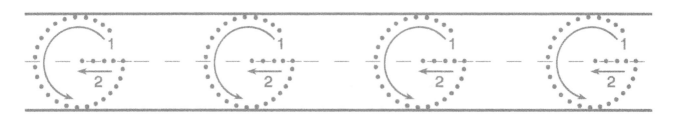

G G G G

G G G G

G G G G

G G G G

G G G G

Gg Gg Gg

Gg Gg Gg

Gg Gg Gg

Gg Gg Gg

Gg Gg Gg

Hh

H is for house

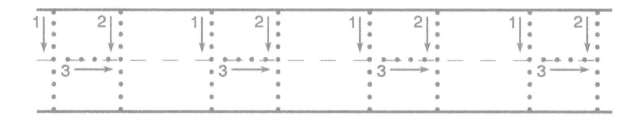

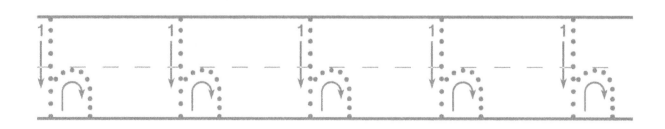

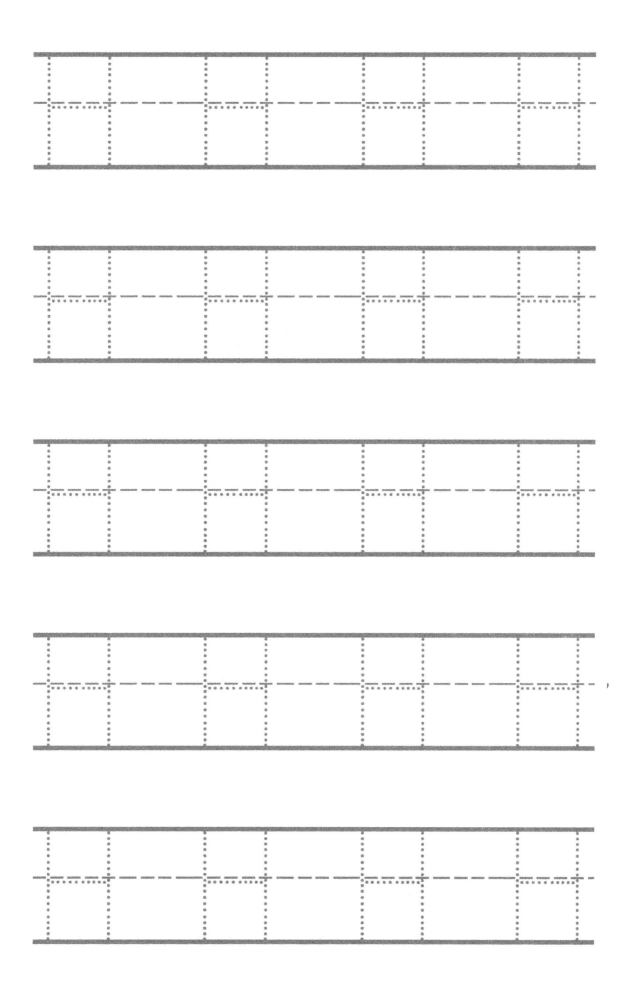

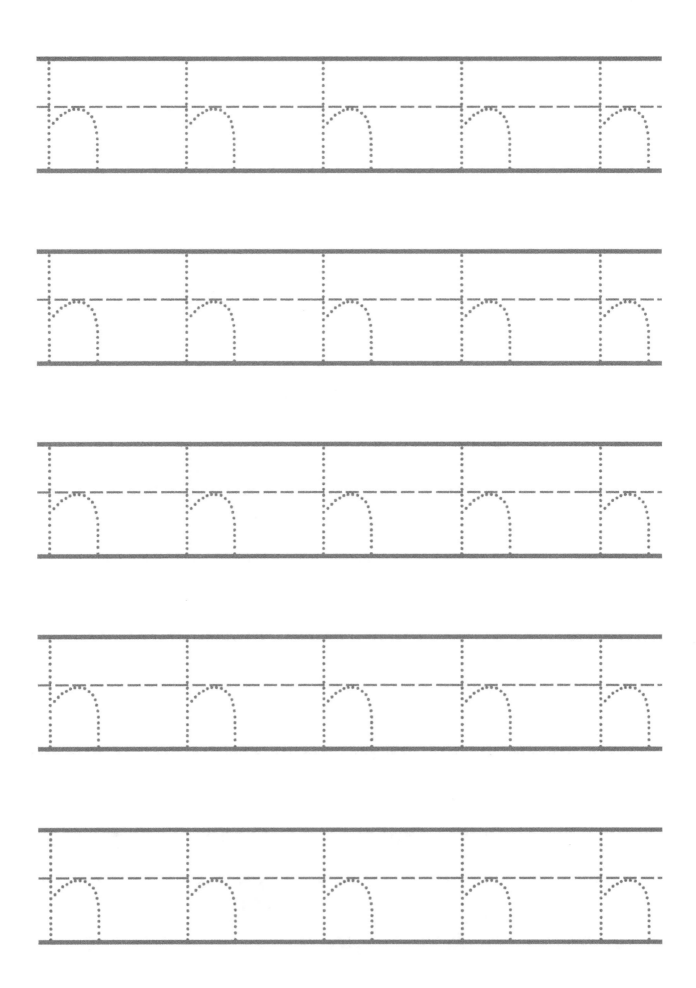

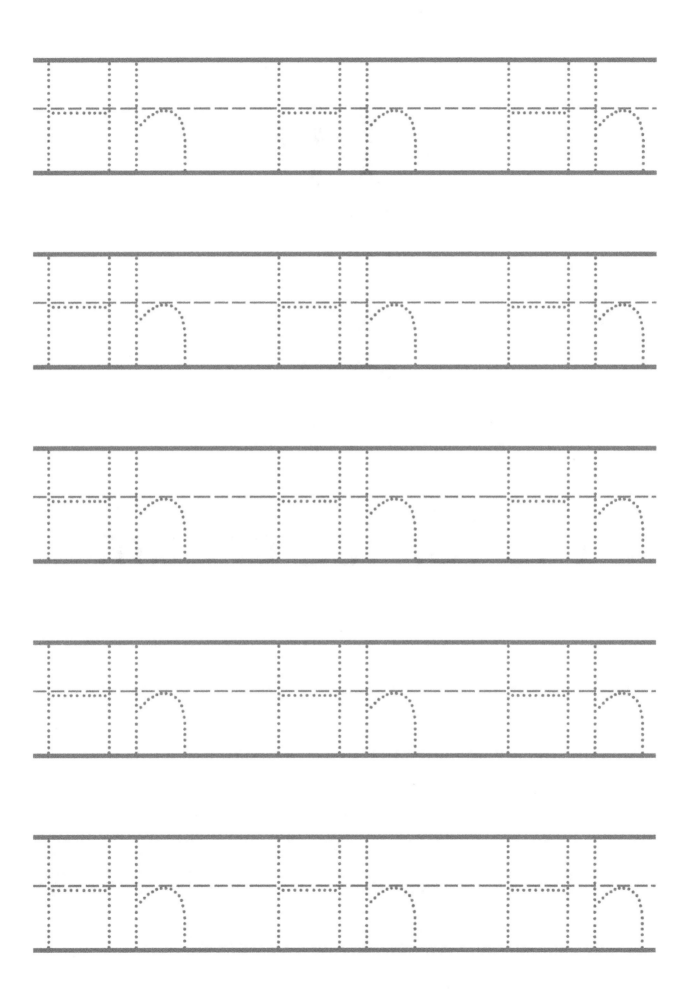

Ii

I is for ice cream

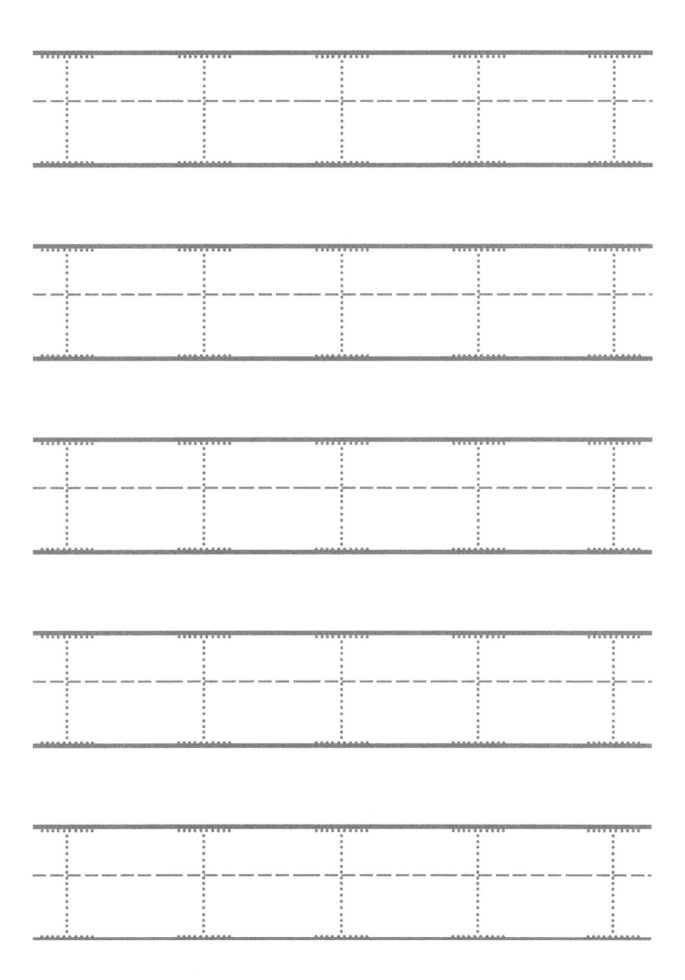

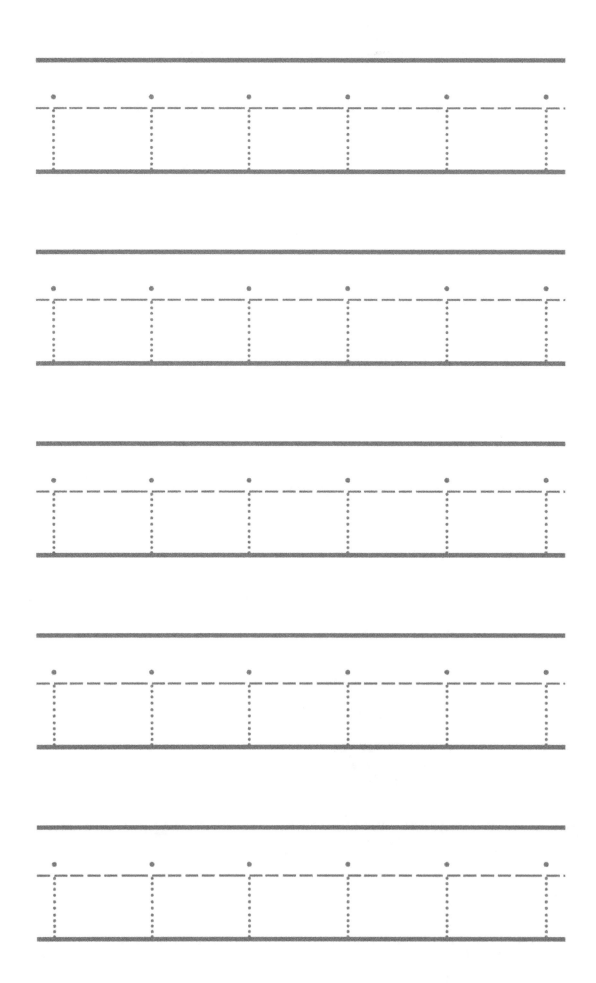

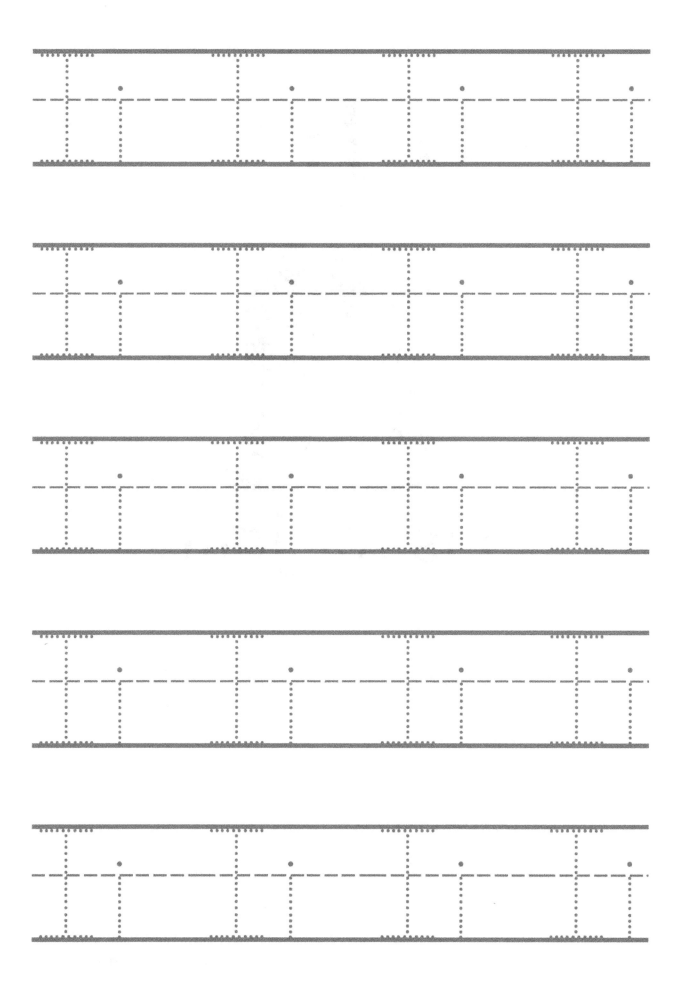

Jj

J is for jam

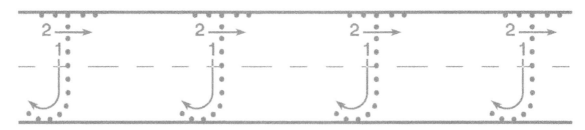

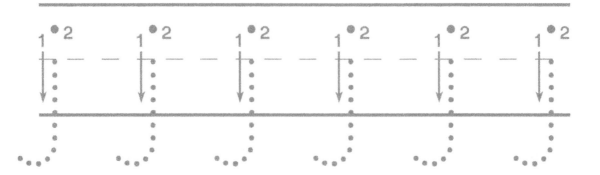

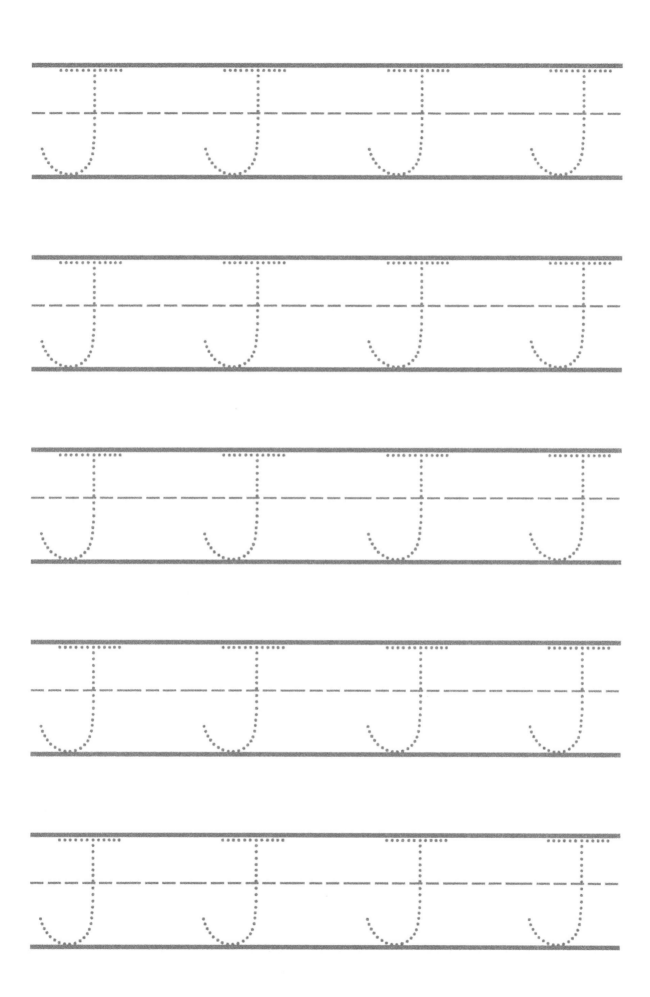

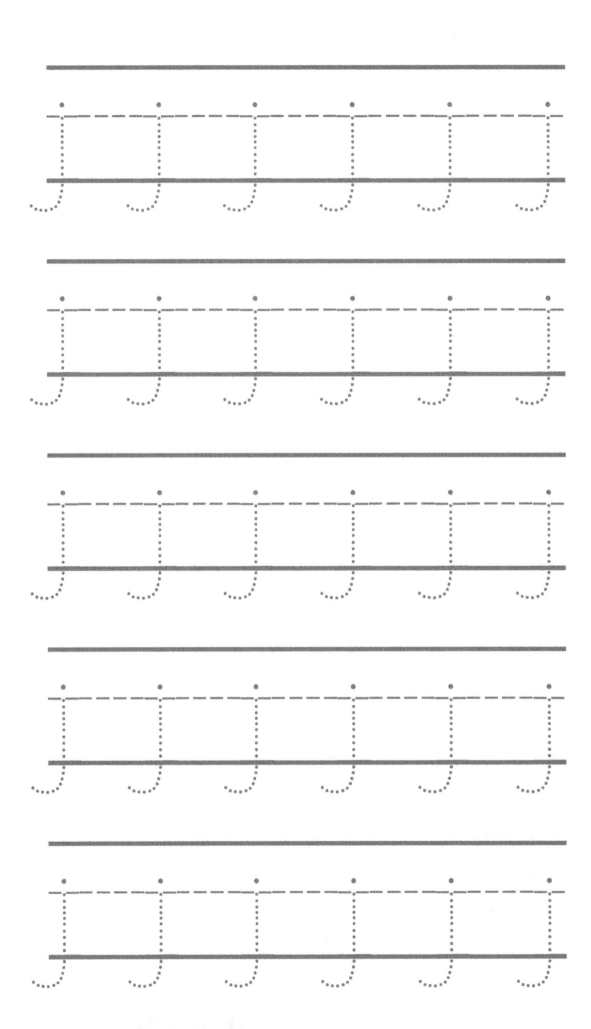

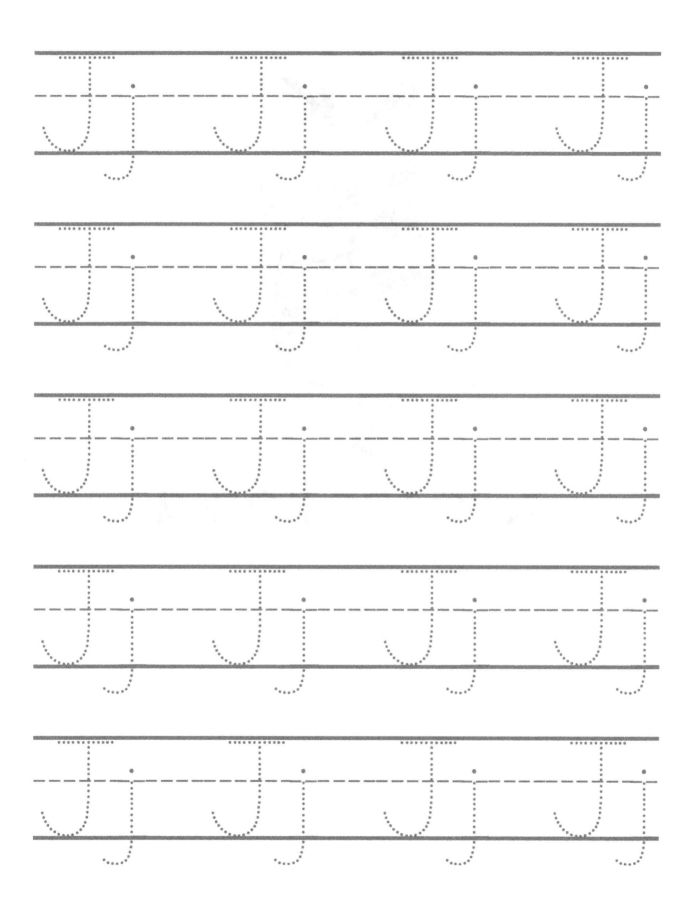

Kk

K is for koala

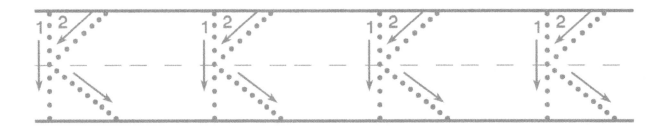

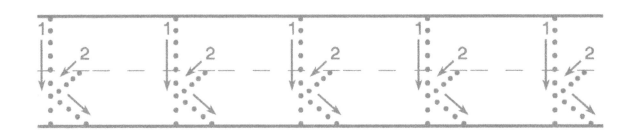

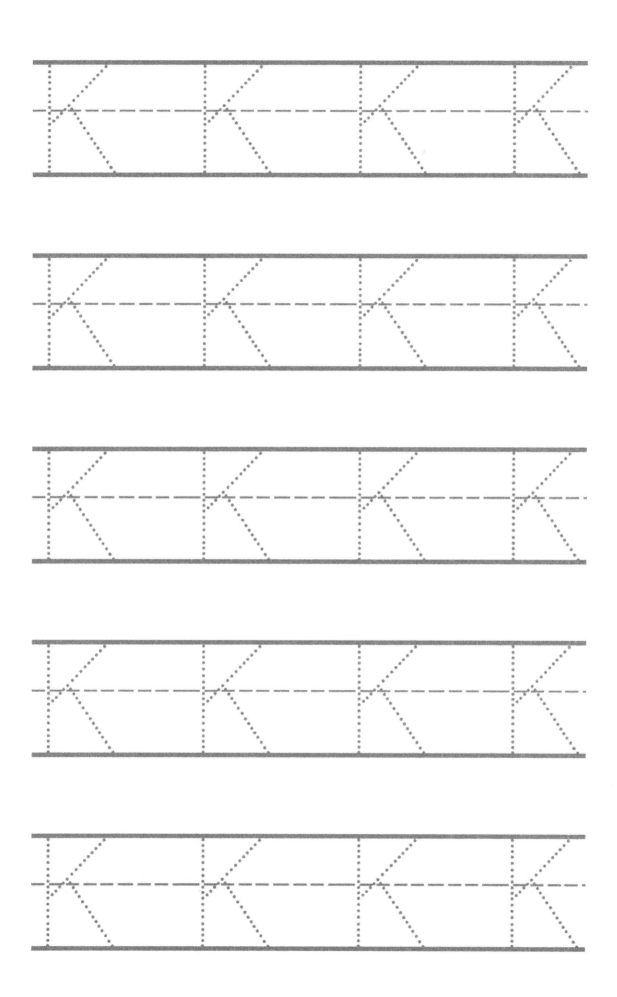

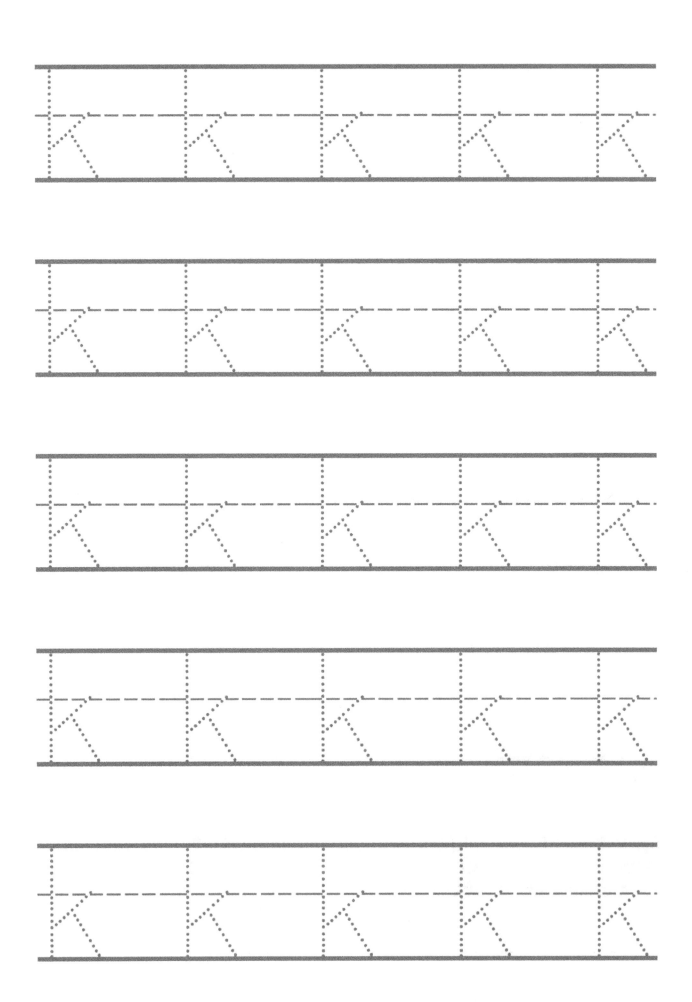

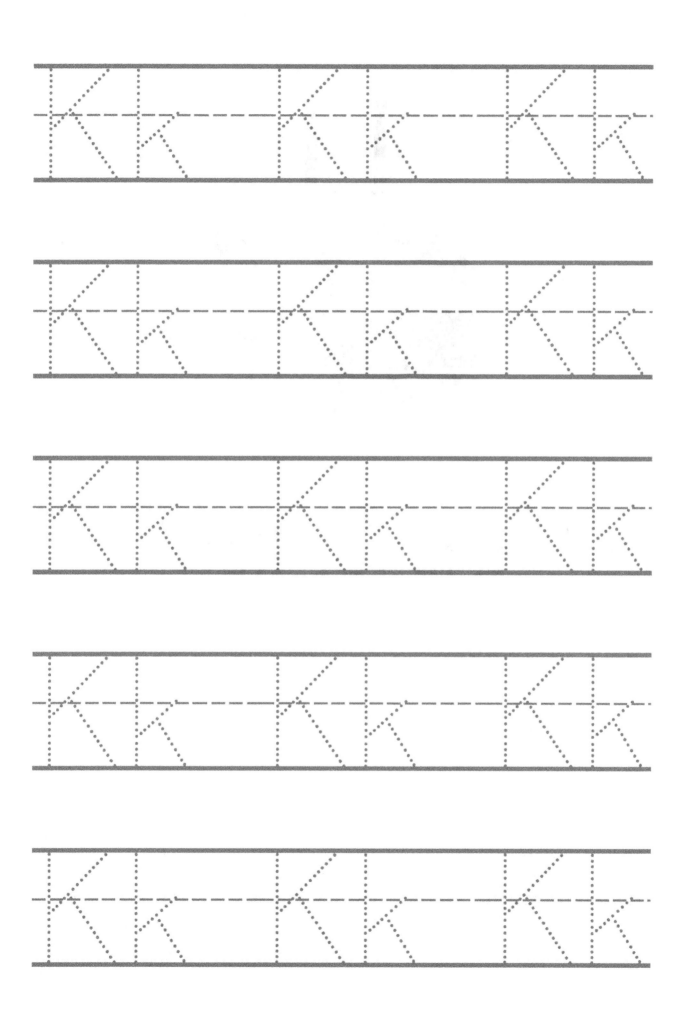

Ll

L is for lion

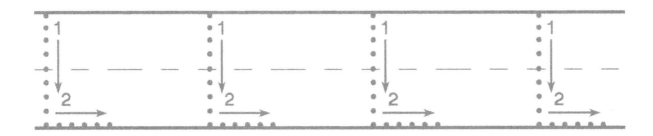

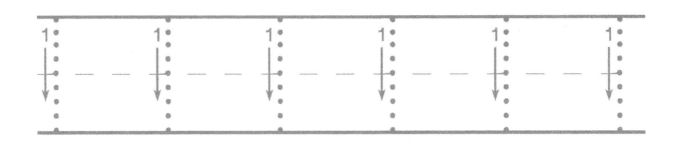

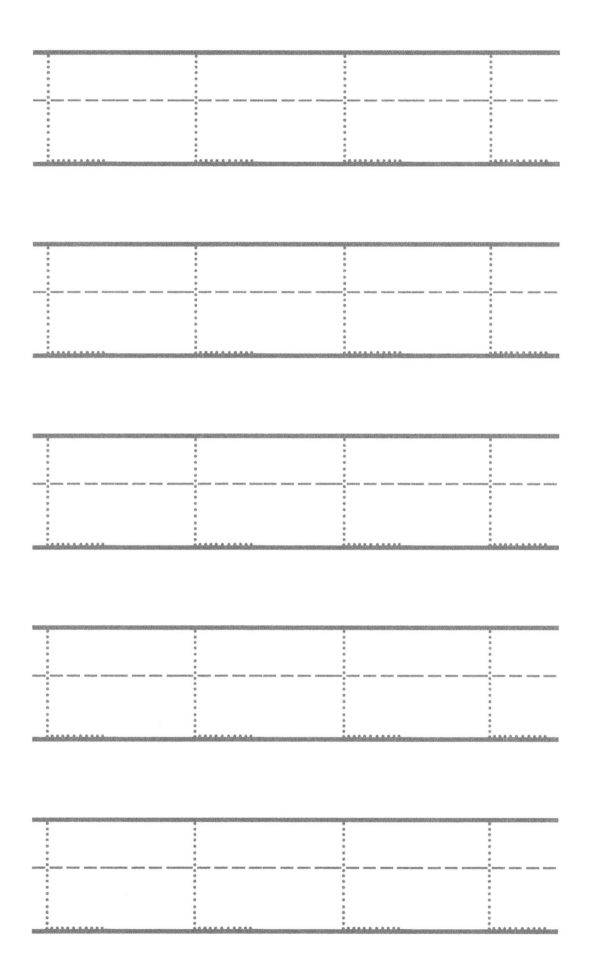

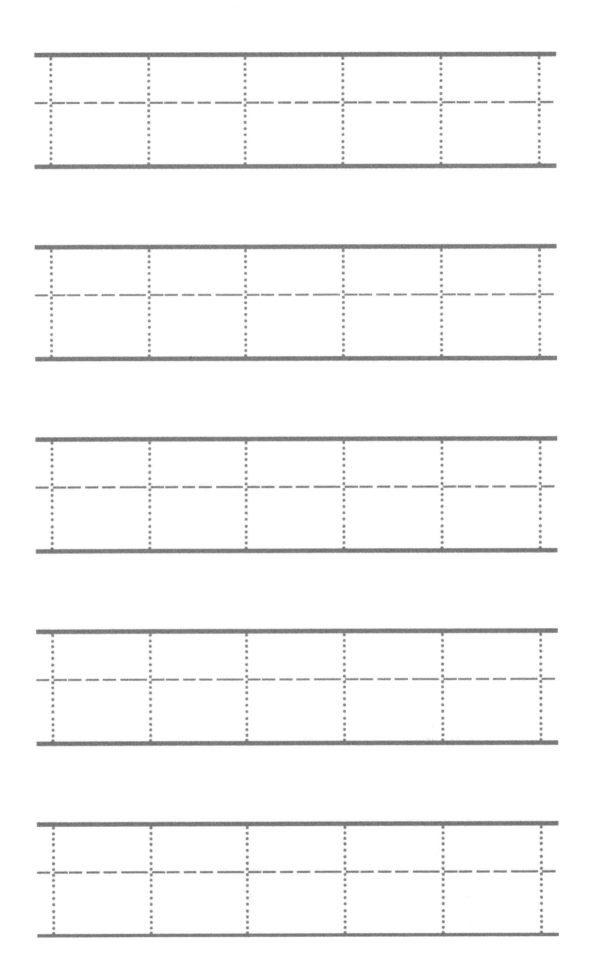

Mm

M is for monkey

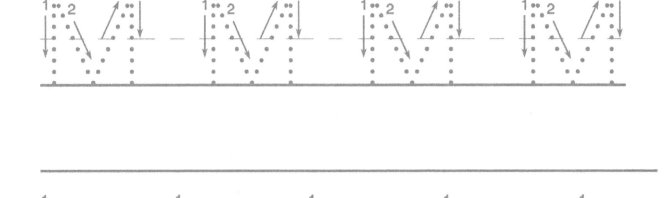

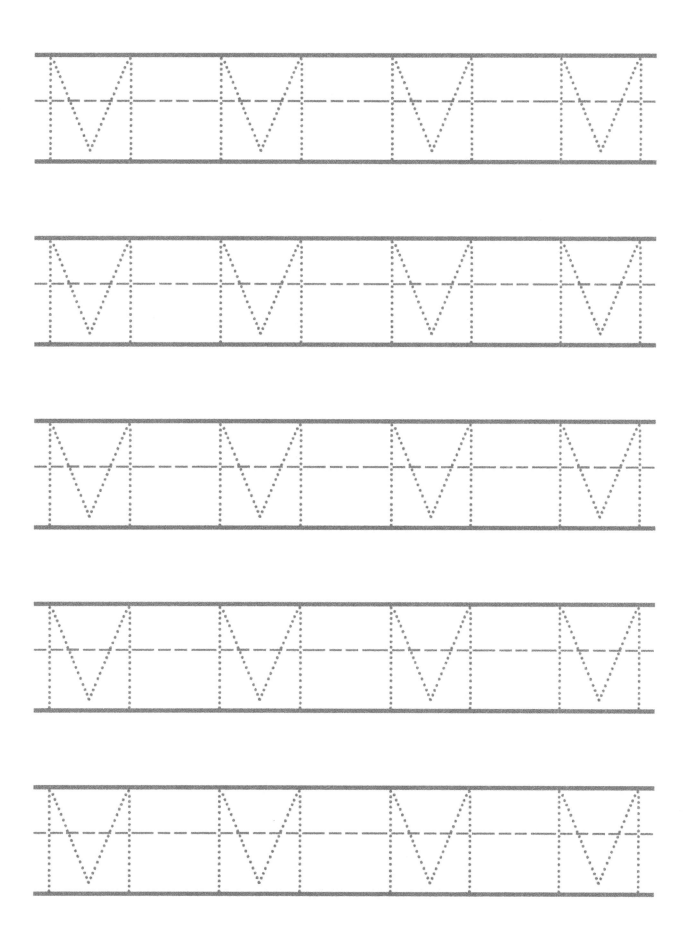

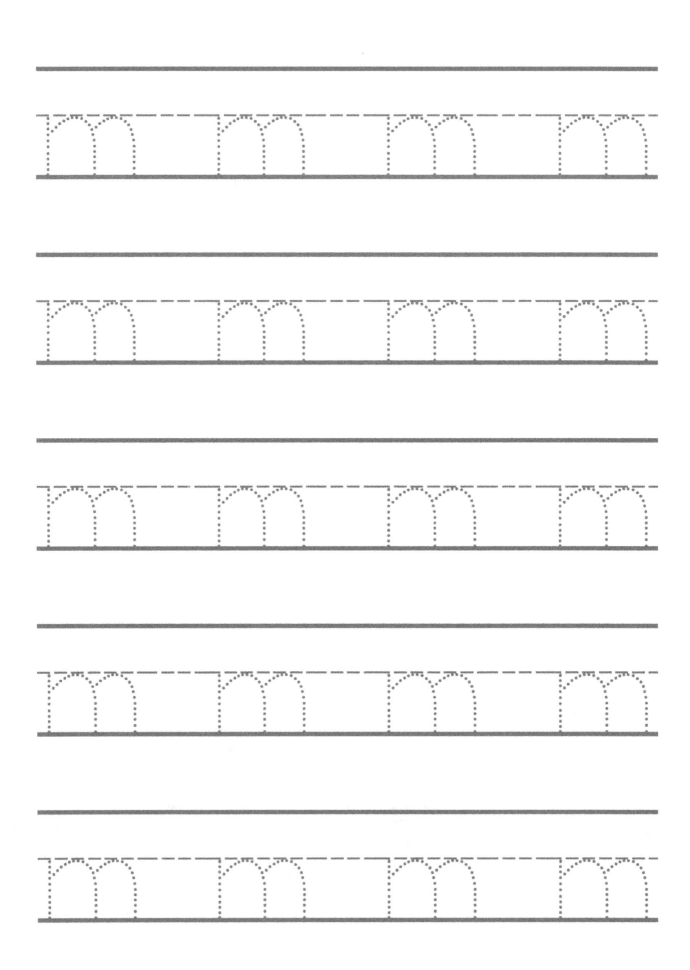

Mm Mm Mm

Mm Mm Mm

Mm Mm Mm

Mm Mm Mm

Mm Mm Mm

Nn

N is for nest

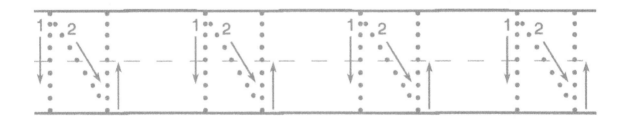

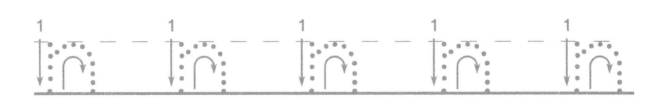

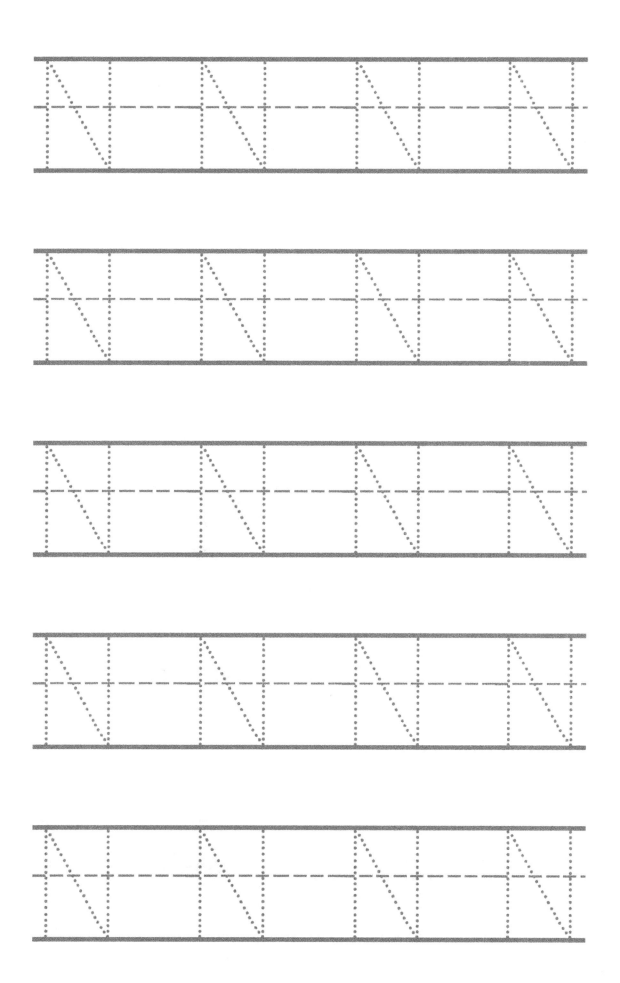

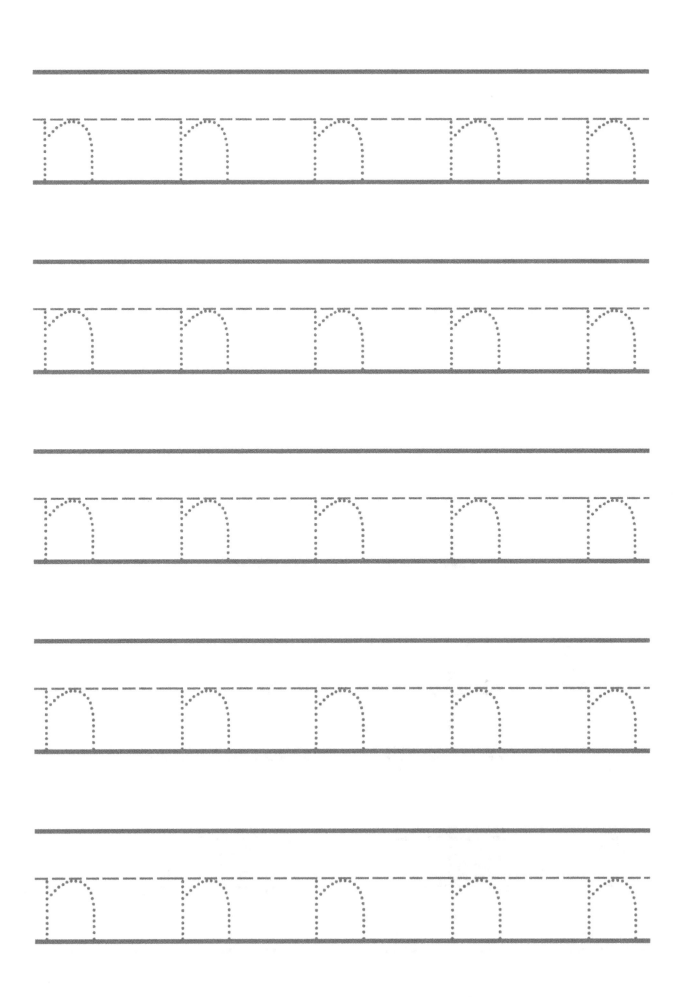

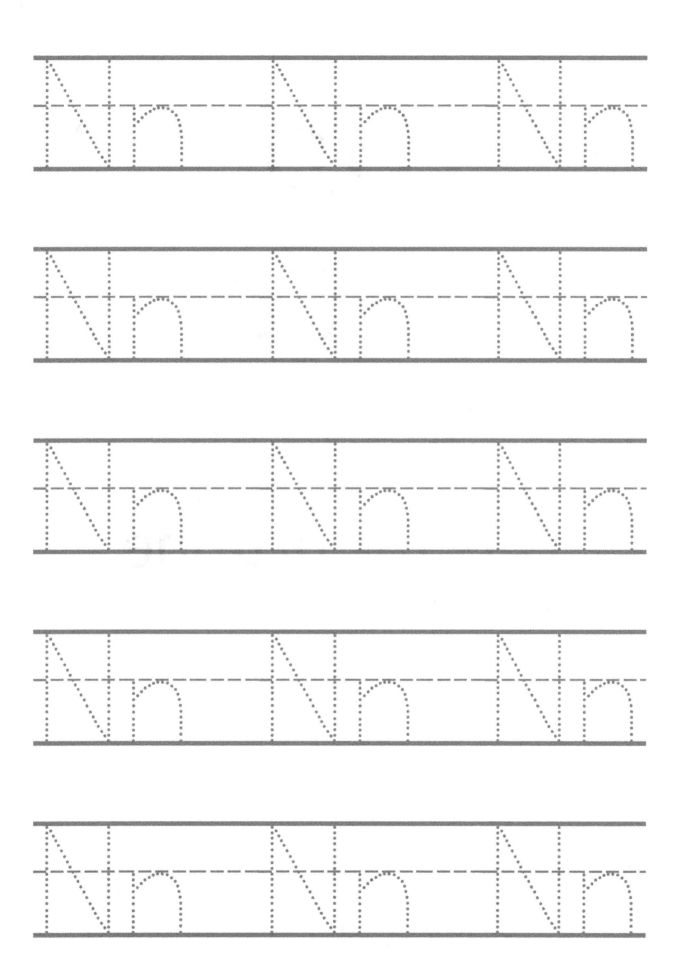

Oo

O is for orange

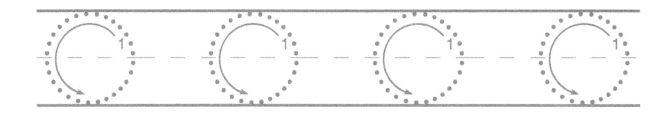

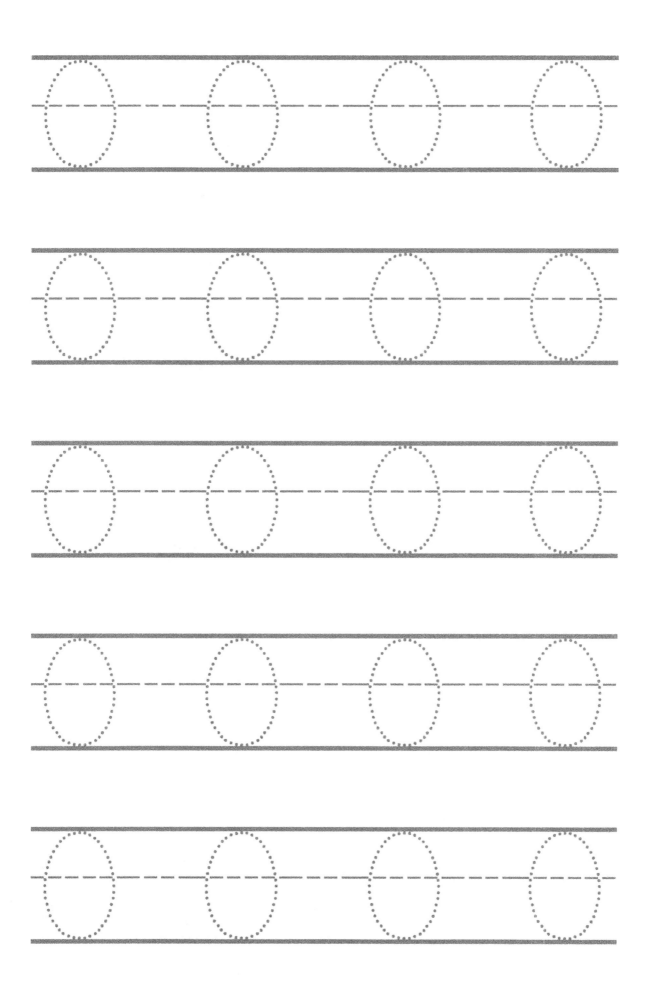

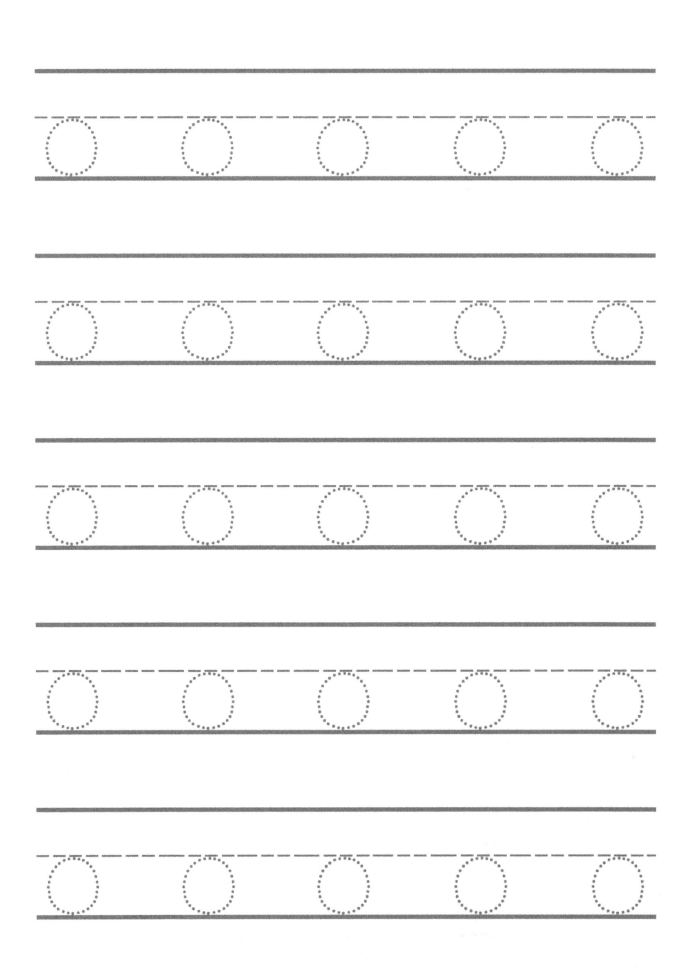

Pp

P is for pincess

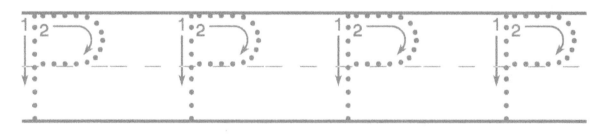

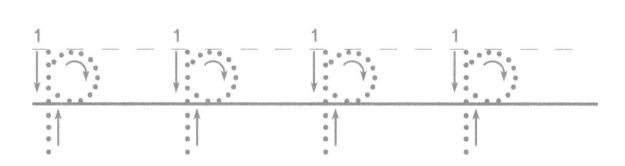

P P P P

P P P P

P P P P

P P P P

P P P P

Pp Pp Pp

Pp Pp Pp

Pp Pp Pp

Pp Pp Pp

Pp Pp Pp

Qq

Q is for queen

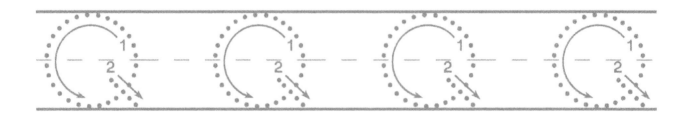

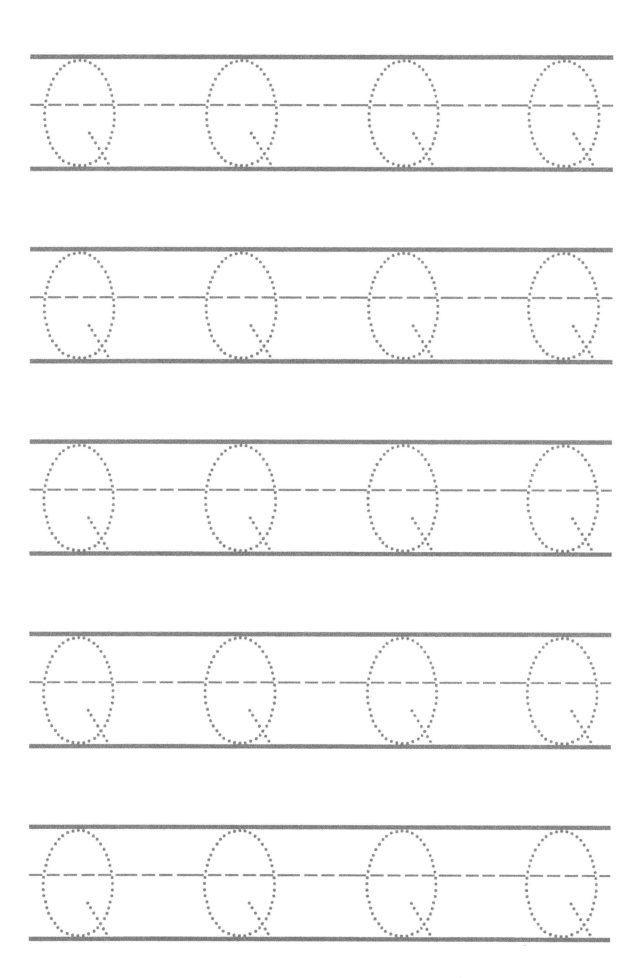

q q q q q

q q q q q

q q q q q

q q q q q

q q q q q

Qq Qq Qq

Qq Qq Qq

Qq Qq Qq

Qq Qq Qq

Qq Qq Qq

Rr

R is for rainbow

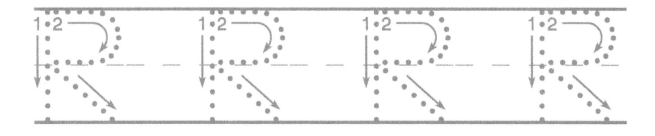

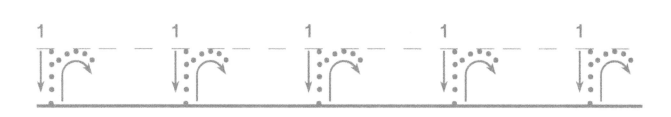

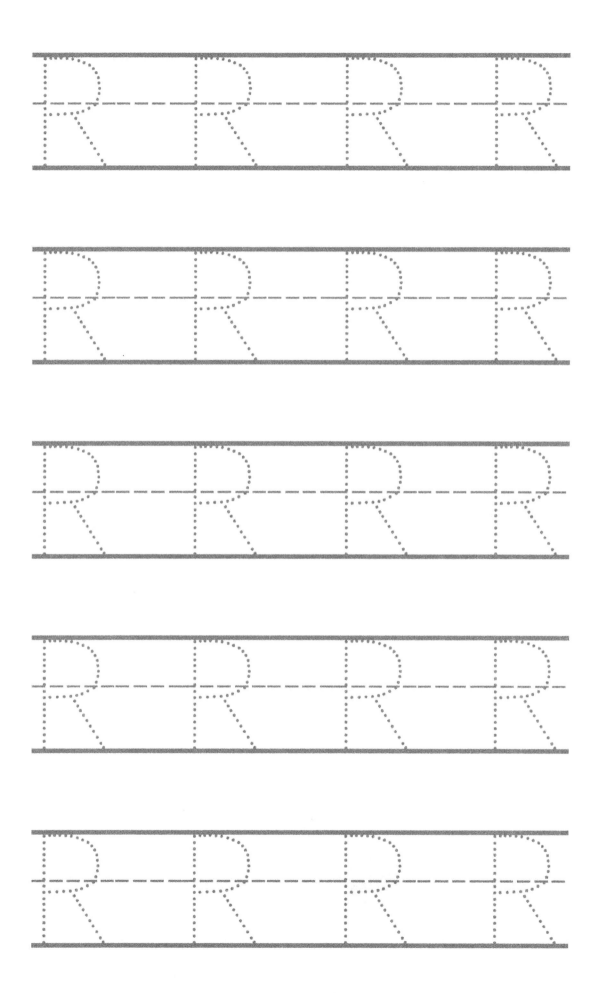

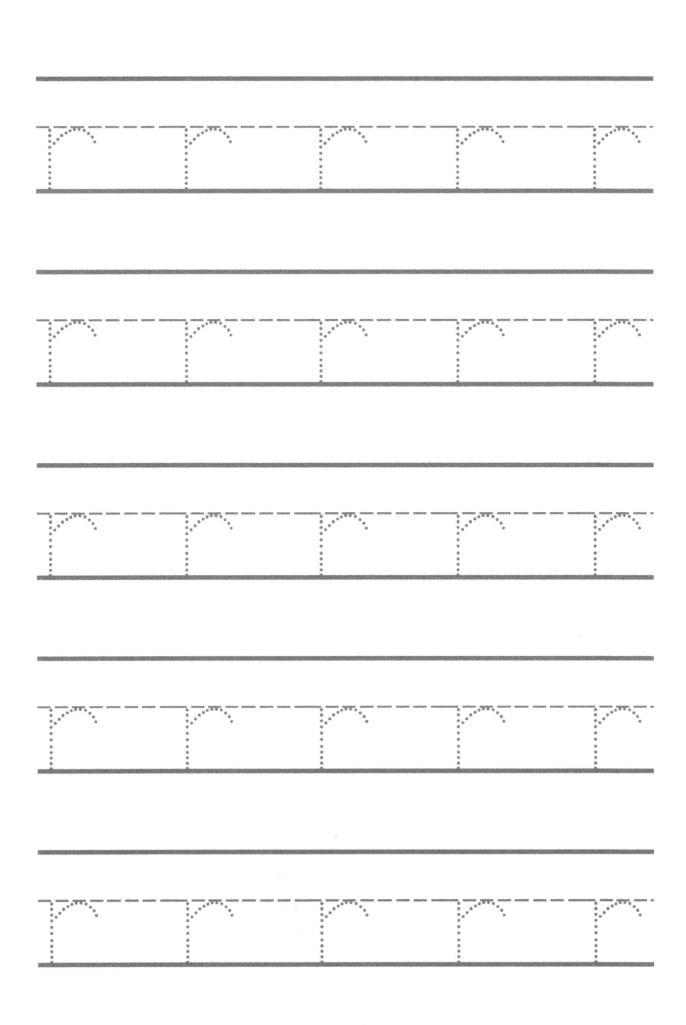

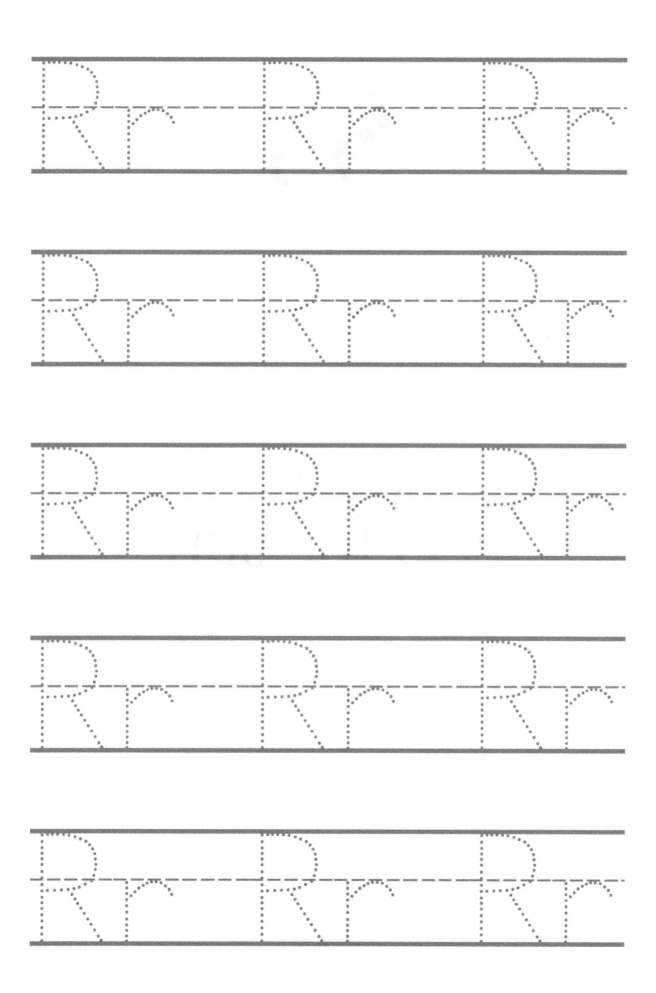

Ss

S is for sun

S S S S

S S S S

S S S S

S S S S

S S S S

S S S S S

S S S S S

S S S S S

S S S S S

S S S S S

Ss Ss Ss

Ss Ss Ss

Ss Ss Ss

Ss Ss Ss

Ss Ss Ss

Tt

T is for turtle

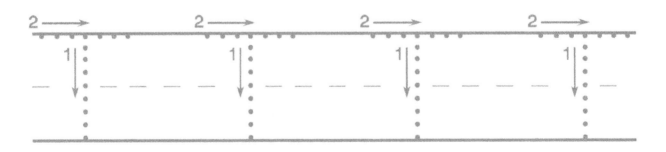

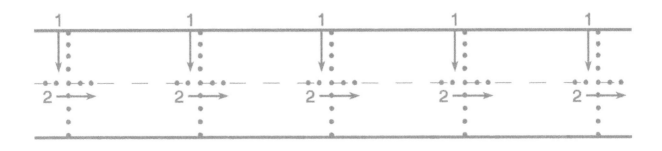

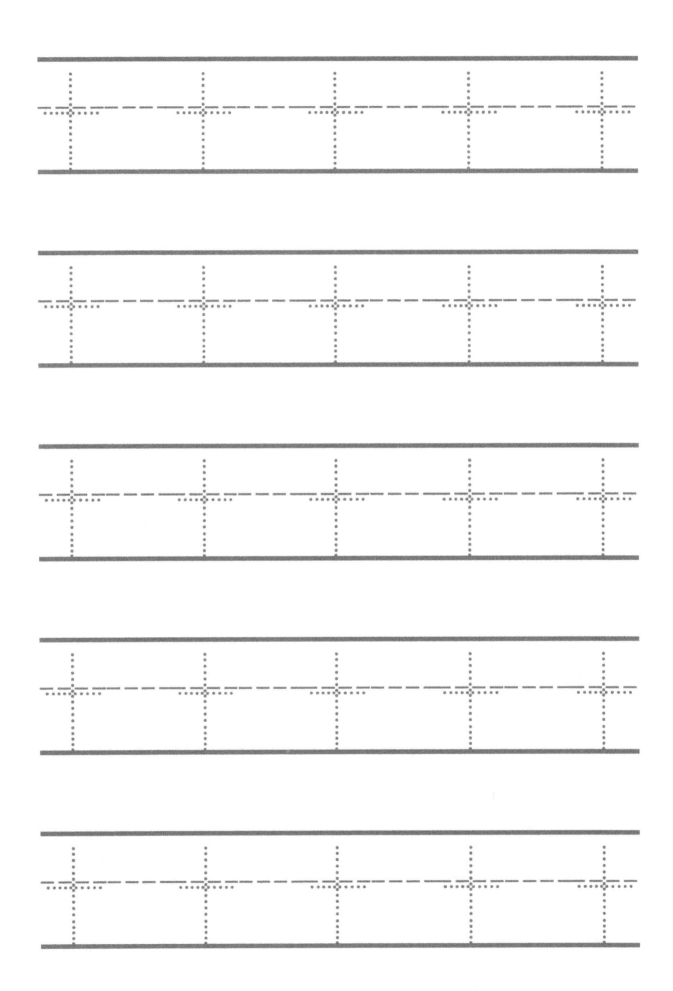

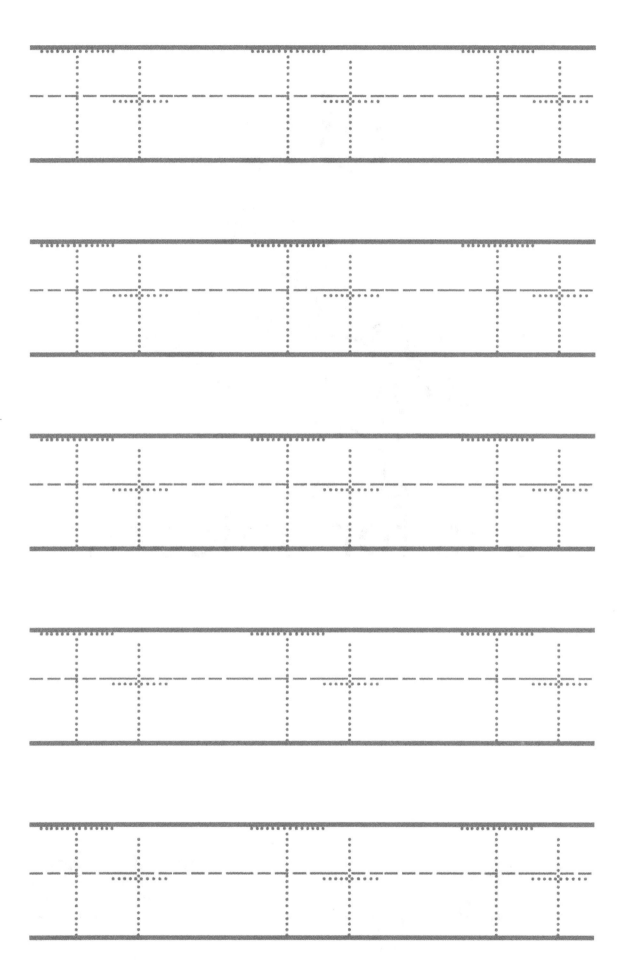

Uu

U is for unicorn

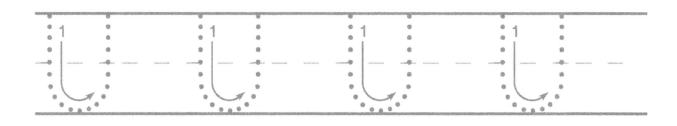

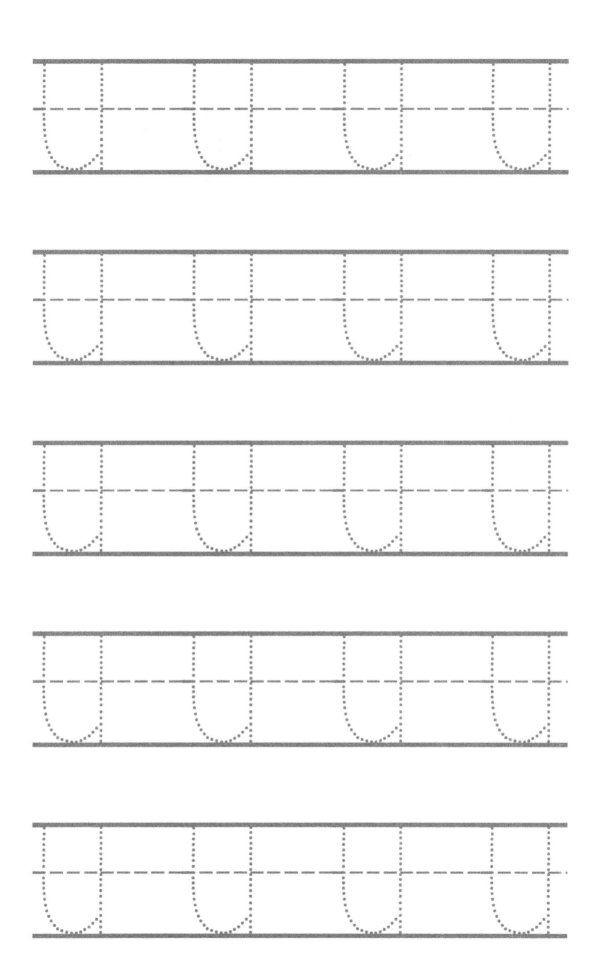

U U U U U

U U U U U

U U U U U

U U U U U

U U U U U

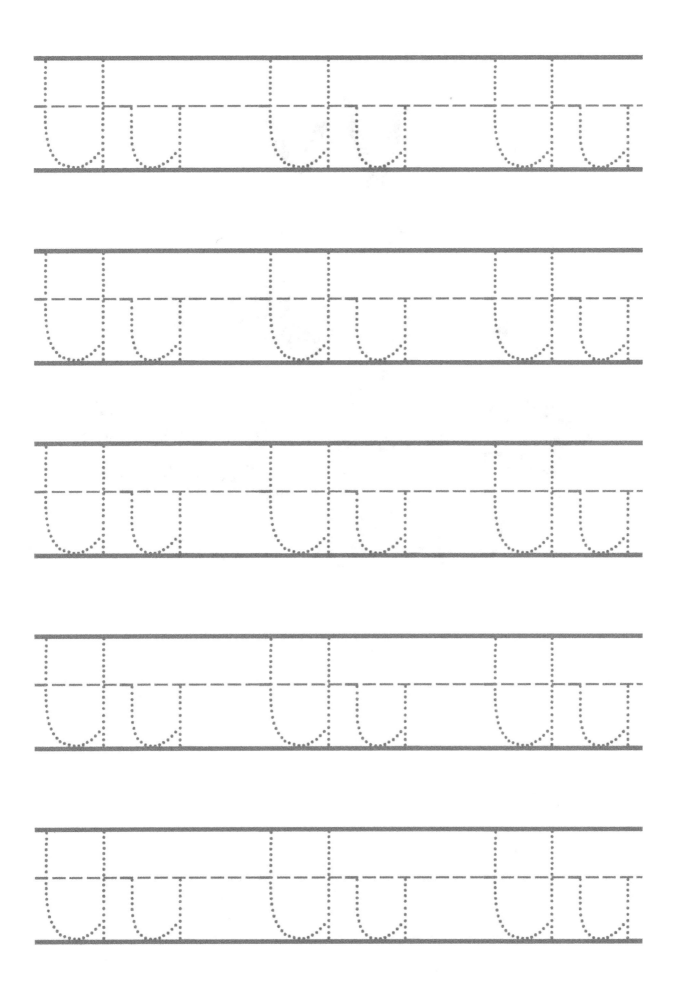

Vv

V is for van

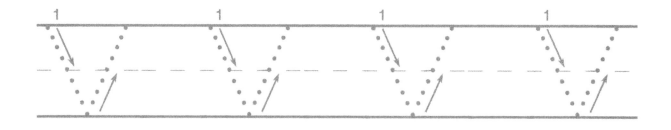

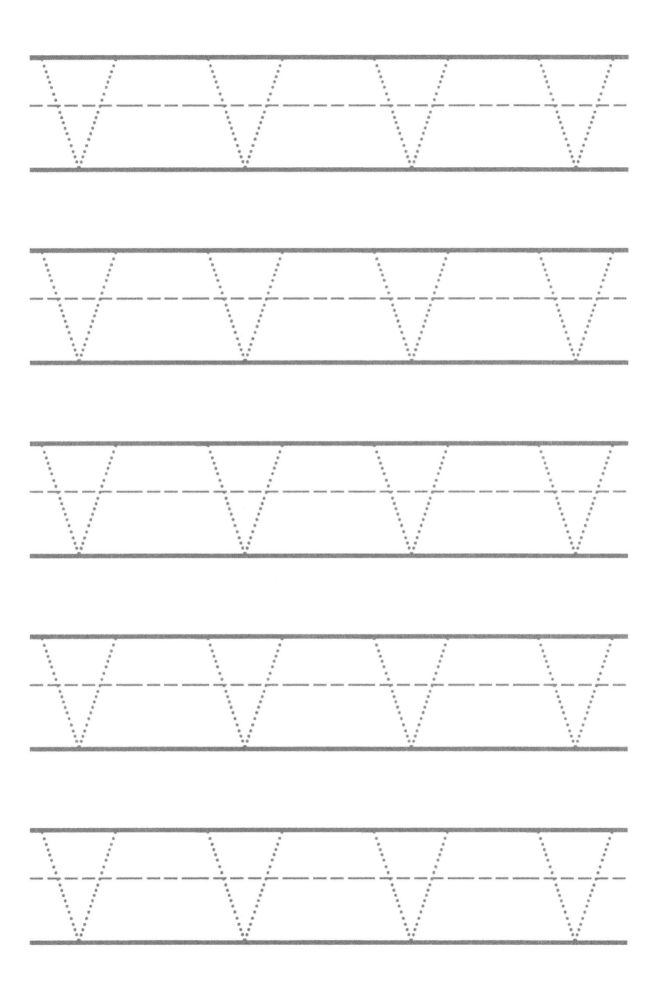

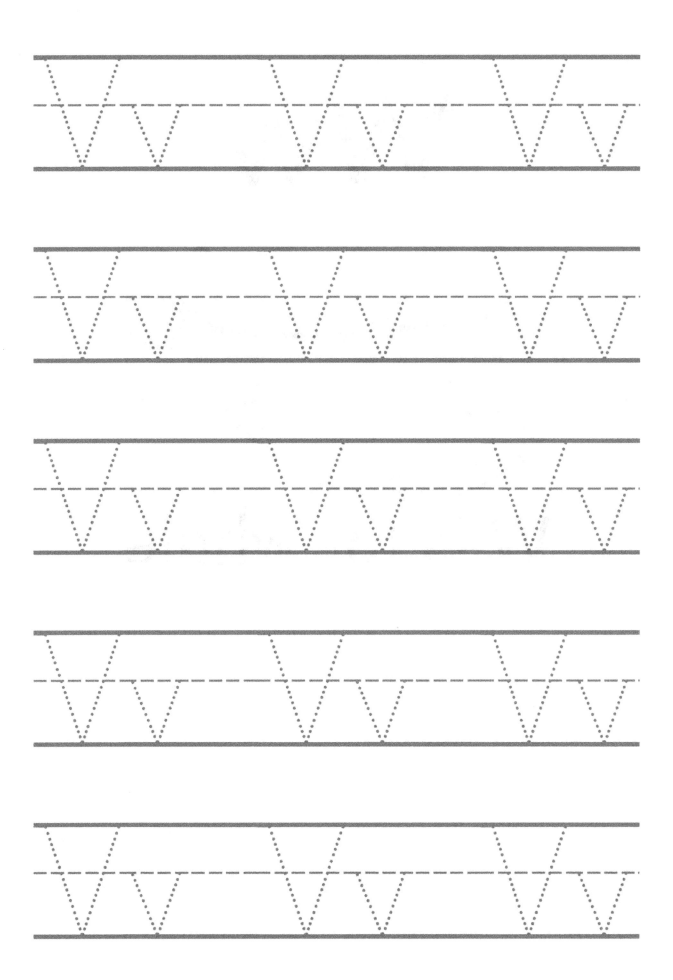

Ww

W is for whale

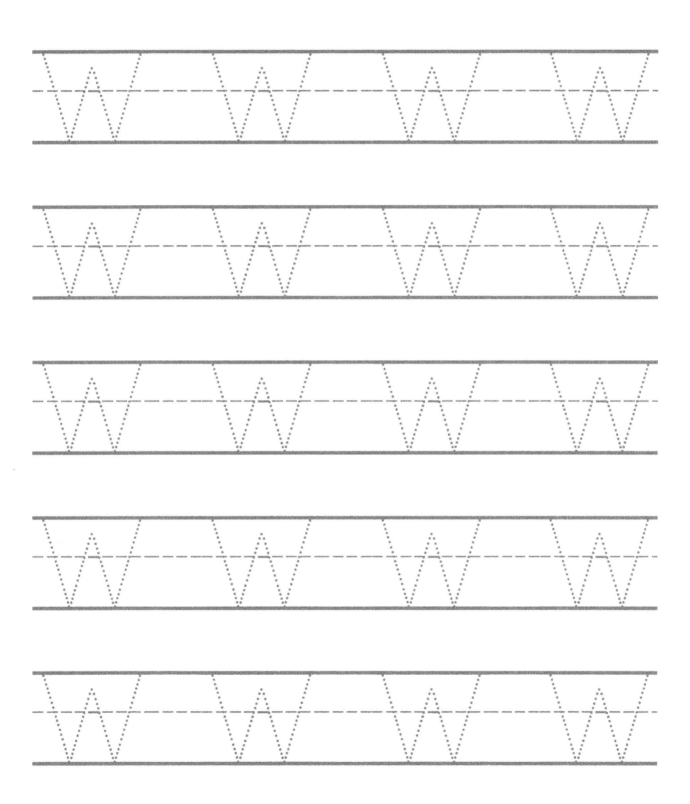

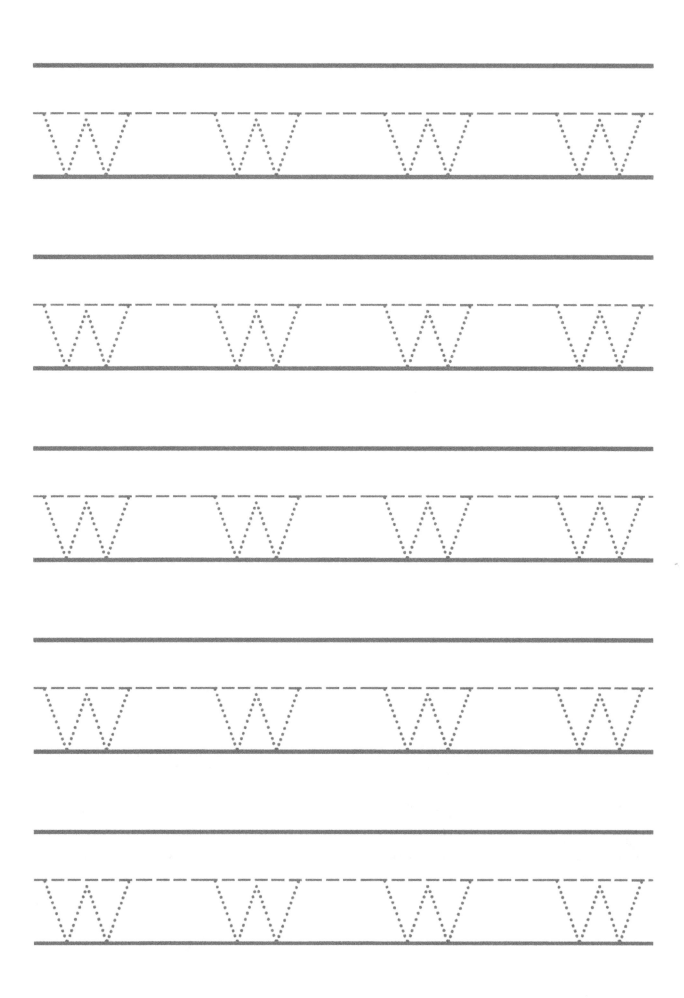

Xx

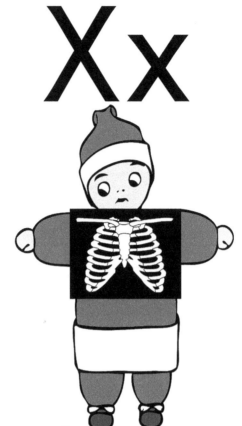

X is for x-ray

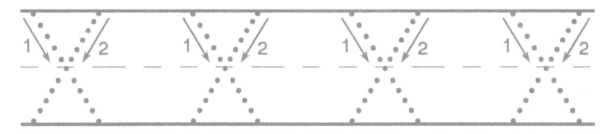

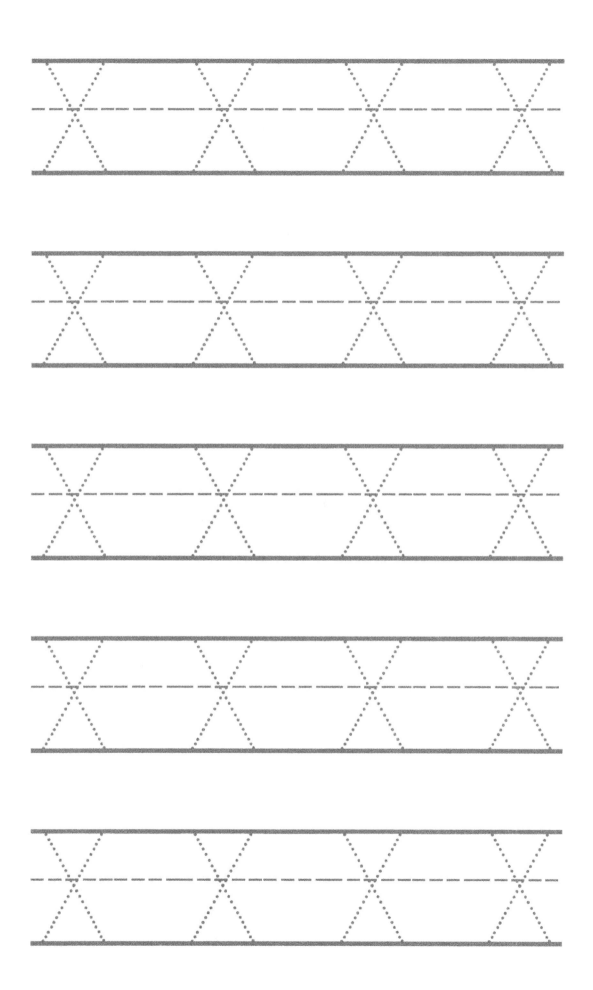

Yy

Y is for yak

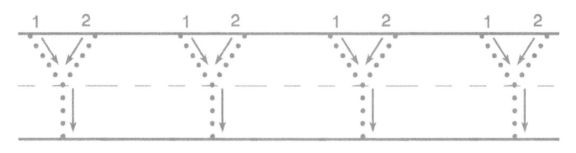

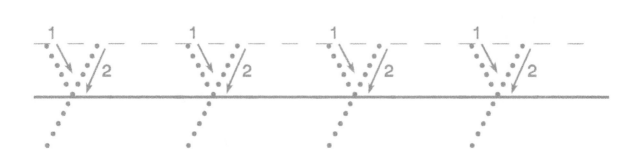

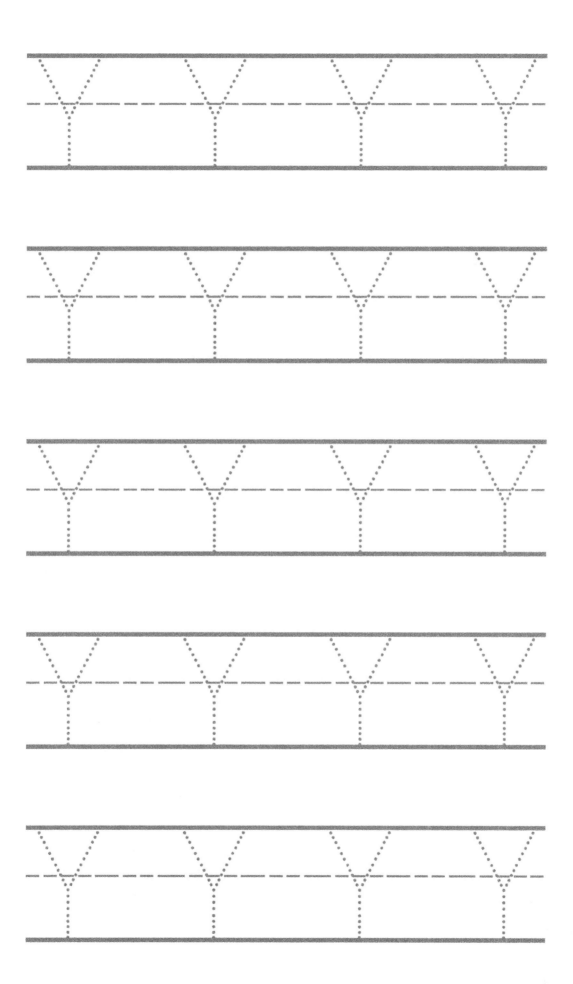

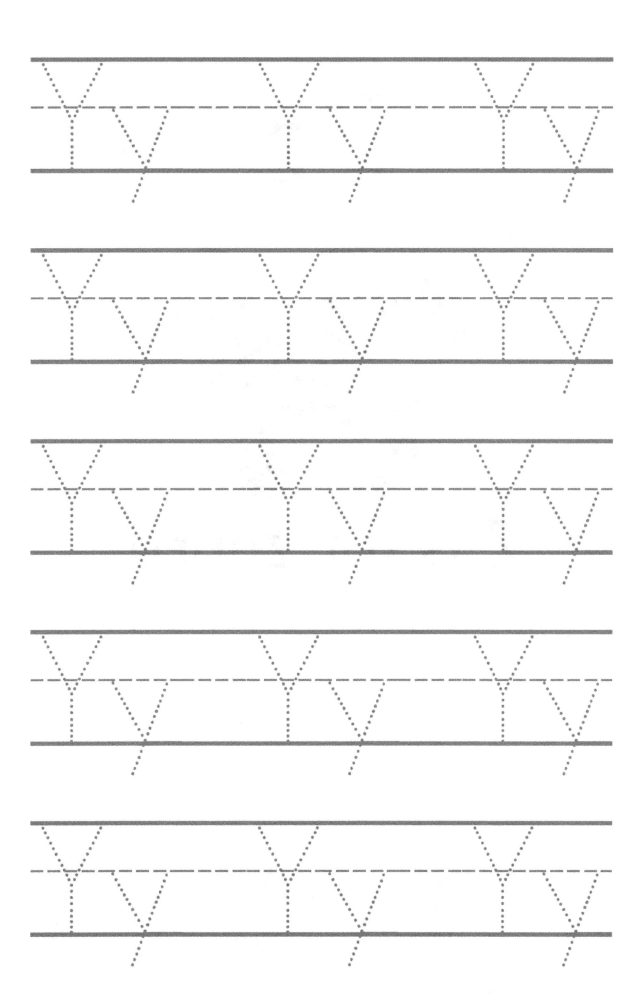

Zz

Z is for zebra

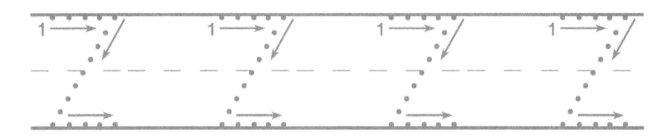

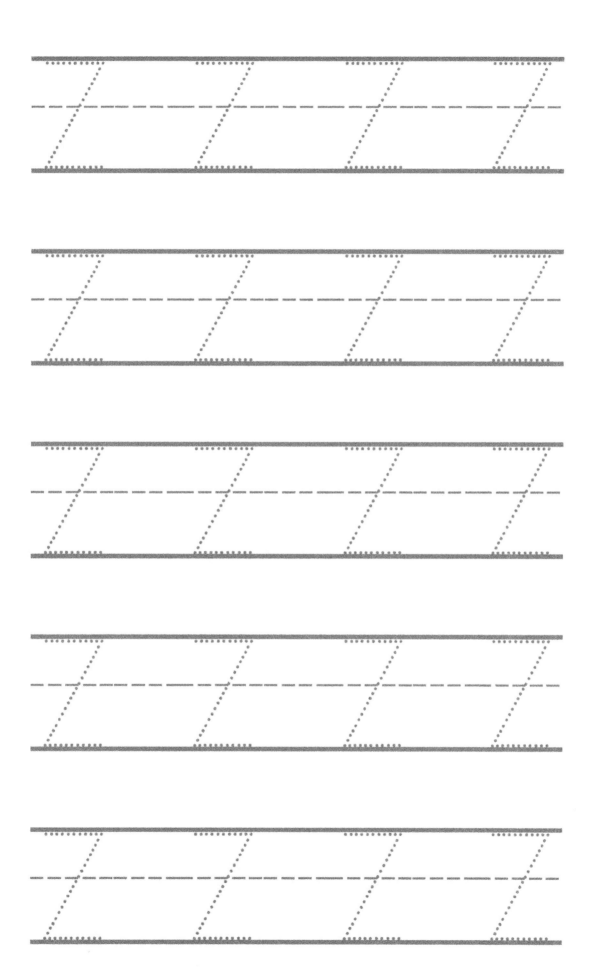